ΤΟ ΜΕΙΓΜΑ ΜΑΡΚΕΤΙΝΓΚ

Κατακτήστε τα 4 Ps του μάρκετινγκ

ΤΟ ΜΕΙΓΜΑ ΜΑΡΚΕΤΙΝΓΚ

Κατακτήστε τα 4 Ps του μάρκετινγκ

γραμμένο από Morgane Kubicki
μεταφρασμένο από Lina Sideris

ΤΟ ΜΕΙΓΜΑ ΜΑΡΚΕΤΙΝΓΚ

ΒΑΣΙΚΕΣ ΠΛΗΡΟΦΟΡΙΕΣ

* **Ονόματα:** μείγμα μάρκετινγκ, μείγμα μάρκετινγκ, πολιτική μείγματος μάρκετινγκ.

* **Χρήσεις:** το μείγμα μάρκετινγκ είναι ένα βασικό εργαλείο για τη λήψη αποφάσεων μάρκετινγκ.

* **Γιατί είναι επιτυχημένη;** Το μοντέλο συνοψίζει όλα τα εργαλεία που έχουν στη διάθεσή τους οι έμποροι για τη λήψη αποφάσεων.

* **Λέξεις κλειδιά:** προϊόν, τιμή, θέση, προώθηση, αγορά-στόχος.

ΕΙΣΑΓΩΓΗ

Ιστορία

Ο όρος "μείγμα μάρκετινγκ" εμφανίστηκε για πρώτη φορά στο άρθρο με τίτλο "Η έννοια του μείγματος μάρκετινγκ" (1948) που έγραψε ο θεωρητικός Neil H. Borden (1895-1980), καθηγητής μάρκετινγκ και διαφήμισης στο Harvard Business School. Ο ίδιος δήλωσε ότι εμπνεύστηκε από την έρευνα του James W. Culliton (1912-2004), ο οποίος περιέγραψε τον ρόλο των διευθυντών μάρκετινγκ ως "αναμείκτες συστατικών" και πρότεινε σε αυτό το στάδιο έναν κατάλογο δώδεκα στοιχείων του βιομηχανικού μείγματος μάρκετινγκ. Το 1960, ο καθηγητής Jerome McCarthy (γεννημένος το 1928) ανέπτυξε τη θεωρία του Borden και κράτησε τέσσερα βασικά σημεία, δηλαδή τα 4 Ps (προϊόν, τιμή, θέση και προώθηση) στο βιβλίο του *Basic Marketing: A Managerial Approach*. Το μνημονικό χαρακτηριστικό αυτής της προσέγγισης συνέβαλε στην επιτυχία της και χρησιμοποιείται ευρέως από τους εμπόρους. Το μείγμα μάρκετινγκ και τα 4 Ps του μάρκετινγκ χρησιμοποιούνται συχνά για να εκφράσουν την ίδια ιδέα, αν και στην πραγματικότητα δεν είναι συνώνυμα. Το μείγμα μάρκετινγκ είναι μια έννοια που περιγράφει τα βήματα και τις επιλογές που πρέπει να κάνουν οι εταιρείες ή οι μάρκες καθ' όλη τη διάρκεια της διαδικασίας εισόδου σε μια αγορά με ένα προϊόν ή μια υπηρεσία- ενώ το μοντέλο των 4 Ps είναι ίσως ο πιο γνωστός τρόπος ορισμού του μείγματος μάρκετινγκ.

Ορισμός του μοντέλου

Το μείγμα μάρκετινγκ είναι μια έννοια μάρκετινγκ που περιλαμβάνει όλα τα εργαλεία που έχουν στη διάθεσή τους οι έμποροι για να αναπτύξουν αποτελεσματικές δράσεις και να επιτύχουν τους στόχους διείσδυσης των πωλήσεών τους σε μια αγορά-στόχο.

ΘΕΩΡΙΑ

ΣΤΟΧΟΙ ΤΟΥ ΜΟΝΤΕΛΟΥ

Το μείγμα μάρκετινγκ περιλαμβάνει όλες τις αποφάσεις και δράσεις μάρκετινγκ που λαμβάνονται για να εξασφαλιστεί η επιτυχία ενός προϊόντος, μιας υπηρεσίας ή μιας μάρκας στην αγορά.

Το πρώτο αποφασιστικό βήμα στη διαδικασία του μάρκετινγκ: η ανάλυση της αγοράς. Μόλις γίνει αυτό, το μοντέλο των 4 Ps μπορεί να χρησιμοποιηθεί ως ένα καλό εργαλείο λήψης αποφάσεων για τους υπεύθυνους μάρκετινγκ. Στην πραγματικότητα, εκτός του ότι καλύπτει όλα τα στοιχεία στα οποία μπορούν να εστιάσουν οι έμποροι, το μοντέλο είναι εύκολο στη χρήση. Το διακριτικό του όνομα έχει επίσης αναμφίβολα συμβάλει στην επιτυχία του. Αυτό το σύστημα ταξινόμησης είναι ένα από τα πλέον χρησιμοποιούμενα στο μείγμα μάρκετινγκ, τόσο στα εγχειρίδια όσο και στην πραγματική ζωή.

Γενικότερα, το μοντέλο του μείγματος μάρκετινγκ μπορεί να χρησιμοποιηθεί για να βοηθήσει στη λήψη αποφάσεων στο πλαίσιο μιας νέας προσφοράς στην αγορά, καθώς και για να δοκιμάσει μια υπάρχουσα στρατηγική μάρκετινγκ.

ΠΛΑΙΣΙΟ ΚΑΙ ΘΕΩΡΗΤΙΚΟΙ

Το μείγμα μάρκετινγκ εμφανίστηκε σε μια εποχή που παρατηρήθηκε σημαντική αύξηση της κατανάλωσης. Κατά τη διάρκεια της μεταπολεμικής έκρηξης (περίοδος έντονης οικονομικής ανάπτυξης μεταξύ του τέλους του Β' Παγκοσμίου Πολέμου και της πρώτης πετρελαϊκής κρίσης, που βίωσαν οι περισσότερες ανεπτυγμένες χώρες από το 1946-1973), σημειώθηκε έκρηξη της μαζικής κατανάλωσης. Πριν από αυτή την περίοδο, το μάρκετινγκ χρησιμοποιούνταν απλώς για την κατανόηση των προτιμήσεων και της συμπεριφοράς του καταναλωτή- με την άφιξη του μείγματος μάρκετινγκ κατέστη δυνατό να αποκτήσει κανείς μια συνολική εικόνα της τοποθέτησης ενός συγκεκριμένου προϊόντος στην αγορά. Αν και η θεωρία αυτή αποδίδεται στον McCarthy, ο οποίος προσδιόρισε τα 4 Ps, στην πραγματικότητα εμπνεύστηκε από τον κατάλογο που συνέταξε ο Neil Borden στο "The Concept of the Marketing Mix". Ο ίδιος ο καθηγητής παραδέχεται επίσης ότι επηρεάστηκε από την έρευνα του συνεργάτη του, James Culliton, ο οποίος περιέγραψε τον ρόλο των διευθυντών μάρκετινγκ και των "αναμειγνύσεων των συστατικών". Αργότερα, ο Philip Kotler (γεννημένος το 1931), ο πατέρας του σύγχρονου μάρκετινγκ, πήρε την έννοια των 4 Ps και προσέφερε μια επικαιροποιημένη εκδοχή στο πιο διάσημο βιβλίο του με τίτλο *Marketing Management* (σε συνεργασία με τους Kevin Deller, Delphine Manceau και Bernard Dubois).

Οι συγγραφείς δεν συμφώνησαν όλοι σχετικά με τη φύση των στοιχείων του μείγματος μάρκετινγκ. Ο Neil Borden μίλησε για "διαδικασίες", αλλά σήμερα προτιμώνται οι όροι "παράμετροι", "εργαλεία" ή "μέσα".

Ο αρχικός κατάλογος του Neil Borden περιείχε 12 στοιχεία του μείγματος μάρκετινγκ που πρέπει να λαμβάνονται υπόψη από τον έμπορο:

- προϊόν
- τιμή

- branding

- κανάλια διανομής

- προσωπική πώληση (πρόσωπο με πρόσωπο)

- διαφήμιση

- προωθητικές ενέργειες

- συσκευασία

- εμφανίζει το

- εξυπηρέτηση

- φυσικός χειρισμός

- διαπίστωση και ανάλυση των γεγονότων.

Εν τω μεταξύ, ο McCarthy προτείνει την ομαδοποίηση αυτών των μεταβλητών σε τέσσερις κατηγορίες ή τέσσερις μοχλούς δράσης:

- προϊόν

- τιμή

- τόπος

- προώθηση.

Στην πραγματικότητα, αυτοί οι κατάλογοι, είτε αποτελούνται από δώδεκα είτε από τέσσερα στοιχεία, περιλαμβάνουν όλα τα εργαλεία που έχει στη διάθεσή της μια εταιρεία για να επηρεάσει τις πωλήσεις της. Παρ' όλα αυτά, η θεωρία αυτή δεν έχει συγκεκριμένες αποδείξεις και δεν εξασφαλίζει σε καμία περίπτωση 100% αποτελεσματικότητα στη λήψη αποφάσεων. Η ποιότητα της εφαρμοζόμενης στρατηγικής μάρκετινγκ έγκειται στη συνάφεια και τη συνοχή μεταξύ των τεσσάρων στοιχείων που συνθέτουν τη θεωρία του μείγματος μάρκετινγκ. Κατά μία έννοια, αυτό μπορεί να συνοψιστεί ως εξής: το σωστό προϊόν, στο σωστό μέρος, στη σωστή τιμή, στον σωστό χρόνο. Για να γίνει αυτό, είναι απαραίτητο να:

• να δημιουργήσετε ένα προϊόν ή μια υπηρεσία που θέλει μια συγκεκριμένη ομάδα ανθρώπων,

• να το πωλείτε σε μέρος που επισκέπτονται τακτικά τα άτομα αυτά,

• να το διαθέσετε στην αγορά σε τιμή που να ανταποκρίνεται στις προσδοκίες των πελατών,

• να το καταστήσετε διαθέσιμο όταν το επιθυμούν αυτοί οι πελάτες.

Η προσέγγιση αυτή είναι κατάλληλη, αλλά δεν πρέπει να παραβλέπεται ο σημαντικός φόρτος εργασίας που απαιτείται για τη συλλογή όλων των απαραίτητων δεδομένων, όπως οι ανάγκες, οι προσδοκίες και η συμπεριφορά των πελατών. Εξακολουθεί να είναι απαραίτητο να καθοριστεί ο τρόπος παραγωγής του αγαθού ή της υπηρεσίας, η τιμή και ο χρόνος προώθησής του για τη βελτιστοποίηση των πωλήσεων. Η ιδέα αυτή απαιτεί λεπτομερή γνώση της αγοράς-στόχου, η οποία είναι επίσης απαραίτητη. Εδώ μπαίνει στο παιχνίδι η ανάλυση της αγοράς.

ΤΑ ΣΤΟΙΧΕΙΑ ΤΟΥ ΜΟΝΤΕΛΟΥ

Πολιτική προϊόντων

Ένα "προϊόν" είναι μια προσφορά που καλύπτει μια ανάγκη σε μια αγορά. Με άλλα λόγια, ένα προϊόν μπορεί να είναι ένα φυσικό αντικείμενο ή μια υπηρεσία που εισάγεται στην αγορά για να ικανοποιήσει την επιθυμία ή την ανάγκη μετά την αγορά και τη χρήση ή την κατανάλωση. Η πολιτική προϊόντος αναφέρεται, επομένως, στην επιλογή των χαρακτηριστικών των αγαθών ή των υπηρεσιών που προσφέρει η επιχείρηση, με άλλα λόγια στη φύση, την ποιότητα, το μέγεθος, το σχεδιασμό κ.λπ. Μπορεί επίσης να περιλαμβάνει αποφάσεις σχετικά με τη μάρκα, τη συσκευασία, την ετικέτα ή την γκάμα των προϊόντων.

Πολιτική τιμολόγησης

Η τιμή είναι το χρηματικό ποσό που πρέπει να δαπανήσει ο καταναλωτής για να αποκτήσει το προϊόν. Η τιμολογιακή πολιτική περιλαμβάνει τις έννοιες

- σταθερή τιμή, δηλαδή η τιμή που προσφέρεται στα καταστήματα

- εκπτώσεις

- όροι πληρωμής

- όροι ανάκτησης

- πιστωτικοί όροι.

Πρόκειται για τη διαδικασία καθορισμού της τιμής ενός προϊόντος ή του καθορισμού των τιμών εντός ενός εύρους τιμών. Η τιμολογιακή πολιτική δεν είναι σταθερή και μπορεί να αλλάξει ανάλογα με τις προσφορές ή ανάλογα με τον κύκλο ζωής του προϊόντος. Πρέπει να λαμβάνει υπόψη της διάφορους περιορισμούς και μεταβλητές, τόσο μεταξύ των παραγωγών όσο και μεταξύ των καταναλωτών: τιμή κόστους, εικόνα του προϊόντος, κόστος διανομής, ελαστικότητα της τιμής (δηλ. ο αντίκτυπος μιας μεταβολής της τιμής στη ζήτηση των καταναλωτών), συνθήκες ανταγωνισμού (μονοπώλιο, ολιγοπώλιο, ανταγωνισμός κ.λπ.).

Πολιτική διανομής

Το P του "τόπου" αντιστοιχεί στην πολιτική διανομής.

Περιλαμβάνει:

- κανάλια διανομής

- δίκτυα διανομής

- ποικιλία

- τοποθεσίες

- διαθεσιμότητα

- μεταφορά

- logistics.

Η εταιρεία έχει την υποχρέωση να δημιουργήσει και να διατηρήσει το δίκτυο διανομής, καθώς και να επιλέξει τα σημεία πώλησης (δικά της καταστήματα ή διανομείς) που θα είναι υπεύθυνα για την παρουσίαση του προϊόντος, την εξασφάλιση της διαθεσιμότητάς του στο ράφι, την προσφορά προωθητικών ενεργειών ή την παροχή συμβουλών στους πελάτες.

Πολιτική επικοινωνίας

Το τέταρτο Π, η "προώθηση", αφορά την επικοινωνία.

Η επικοινωνιακή πολιτική περιλαμβάνει κυρίως:

- διαφήμιση

- άμεσο μάρκετινγκ ή μάρκετινγκ σε σημεία πώλησης

- δημόσιες σχέσεις

- χορηγία.

Παραδόξως, μπορεί, σε κάποιο βαθμό, να επηρεάζει την τιμή (πριμοδοτήσεις, κουπόνια ή ειδικές προσφορές περιορισμένου χρόνου, για παράδειγμα), αλλά παραμένει μια πράξη επικοινωνίας και όχι μια τιμολογιακή πολιτική.

Η αλληλεξάρτηση αυτών των πολιτικών

Η ομάδα μάρκετινγκ πρέπει να διασφαλίσει ότι οι αποφάσεις αυτές λαμβάνονται με γνώμονα τους μεσάζοντες διανομής και τους τελικούς πελάτες, ενώ ο υπεύθυνος μάρκετινγκ είναι υπεύθυνος για την κατανόηση των αναγκών και των προσδοκιών των πελατών και την παροχή μιας προσφοράς ή λύσης. Ενημερώνει τους πελάτες και επιλέγει μια τιμή που είναι σύμφωνη με την αντιλαμβανόμενη αξία του προϊόντος. Στη συνέχεια πρέπει να καθορίσει τα σημεία λιανικής πώλησης στα οποία θα διανείμει το προϊόν.

Για τις τέσσερις πολιτικές, κάθε απόφαση πρέπει να λαμβάνεται με γνώμονα τους καταναλωτές-στόχους και την τοποθέτηση που έχει επιλέξει να υιοθετήσει η εταιρεία. Επιπλέον, πρέπει να λαμβάνονται υπόψη και άλλοι τομείς, καθώς αν οι αποφάσεις αυτές λαμβάνονται χωριστά δεν έχουν κανένα ενδιαφέρον. Στην πραγματικότητα, η δύναμη του μείγματος μάρκετινγκ είναι ο συνδυασμός όλων των στοιχείων που έχουν στη διάθεσή τους οι έμποροι.

Η σχέση μεταξύ τιμής και προϊόντος είναι ουσιώδης, αλλά όχι η πιο σημαντική. Όλα τα στοιχεία του μείγματος μάρκετινγκ επηρεάζουν τα υπόλοιπα. Για παράδειγμα, η τιμολόγηση πρέπει να λαμβάνει υπόψη πολλές μεταβλητές, συμπεριλαμβανομένων των άλλων Ps, δηλαδή της μάρκας, της διανομής και του δικτύου επικοινωνίας. Η προώθηση ή η διανομή μπορεί επίσης να επηρεάσει την τιμή πώλησης. Το 1979, ο Paul Farris και ο David Reibstein εξέτασαν τις σχέσεις μεταξύ των μεταβλητών για να προσδιορίσουν την επιρροή τους. Έτσι, ένα πρότυπο ποιοτικό εμπορικό σήμα, με ισχυρή διαφημιστική υποστήριξη, μπορεί εύκολα να αυξήσει την τιμή των προϊόντων του. Η διανομή έχει επίσης θεμελιώδη επιρροή στην τιμολογιακή πολιτική. Για παράδειγμα, μια εταιρεία δεν μπορεί να καθορίσει τις τιμές της χωρίς να γνωρίζει αν το προϊόν θα διανεμηθεί απευθείας από τη μάρκα ή μέσω ενός ενδιάμεσου φορέα, ο οποίος μπορεί να είναι ένας μικρός μεταπωλητής ή ένας μεγάλος λιανοπωλητής. Οι επιλογές αυτές έχουν έμμεσο αντίκτυπο στο κόστος διανομής, το οποίο αποτελεί βασική μεταβλητή της πολιτικής τιμολόγησης. Εν ολίγοις, οι μεταβλητές είναι αλληλοεξαρτώμενες.

ΠΕΡΙΟΡΙΣΜΟΙ ΚΑΙ ΕΠΕΚΤΑΣΕΙΣ

ΠΕΡΙΟΡΙΣΜΟΙ ΚΑΙ ΚΡΙΤΙΚΕΣ

Η αποτελεσματική διαχείριση του μείγματος μάρκετινγκ θα δημιουργήσει αξία για την εταιρεία στα μάτια των πελατών της. Ως εκ τούτου, η πιο απαραίτητη προϋπόθεση είναι η γνώση του στόχου και ο καθορισμός της τοποθέτησης της μάρκας στην αγορά. Ο στρατηγικός σχεδιασμός συνίσταται στη διαχείριση όλων αυτών των δεδομένων με τα στοιχεία του μείγματος μάρκετινγκ. Η δημιουργία ενός μοντέλου με βάση τις αρχές αυτής της θεωρίας δεν αρκεί εάν δεν έχει ήδη πραγματοποιηθεί μελέτη της αγοράς-στόχου.

Οι περισσότεροι επικριτές του μοντέλου αναφέρονται στα 4 Ps και όχι στο ίδιο το μείγμα μάρκετινγκ. Το μείγμα μάρκετινγκ, στον ευρύ ορισμό του, αποτελείται από τα "λειτουργικά εργαλεία μάρκετινγκ" που επιτρέπουν στις επιχειρήσεις να στοχεύουν στην αγορά τους και να επιτυγχάνουν τα αναμενόμενα οφέλη (Kotler et al, 2009: 29). Είναι δύσκολο να κριτικάρει κανείς πραγματικά το ίδιο το μείγμα μάρκετινγκ-συχνότερα, η κριτική στρέφεται στον τρόπο προσέγγισής του.

Οι συγγραφείς που άσκησαν κριτική στα 4 Ps προτείνουν συνήθως ότι το σύστημα ταξινόμησης πρέπει να βελτιωθεί. Οι Louis Michel Chevalier και Pierre Dubois, στο βιβλίο τους για το μάρκετινγκ, διατυπώνουν την ιδέα ότι τα 4 Ps δεν αντικατοπτρίζουν το εμπορικό σήμα του προϊόντος, το οποίο αποτελεί συνδετικό κρίκο μεταξύ της πολιτικής προϊόντος και της πολιτικής επικοινωνίας. Ωστόσο, στο μοντέλο που παρουσίασε ο McCarthy και το οποίο ανέλαβε αργότερα ο Kotler, το όνομα της μάρκας αποτελεί μέρος της πολιτικής προϊόντος. Οι Michel Chevalier και Pierre Louis Dubois υποστηρίζουν επίσης ότι, παρόλο που το μείγμα μάρκετινγκ πρέπει να λαμβάνει υπόψη του ταυτόχρονα τα 4 Ps, οι διάφορες πολιτικές που απευθύνονται δεν διαχειρίζονται σχεδόν ποτέ από το ίδιο πρόσωπο. Στην πραγματικότητα, το μοντέλο του μείγματος μάρκετινγκ παρουσιάζεται ως σύνολο, γεγονός που υποδηλώνει ότι ένα άτομο ή μια ομάδα λαμβάνει όλες τις αποφάσεις. Ωστόσο, τα στοιχεία του συχνά ανήκουν σε διαφορετικούς τομείς της επιχείρησης. Έτσι, η πολιτική προϊόντος μπορεί να προέρχεται από έναν διευθύνοντα σύμβουλο ή από τις υπηρεσίες καινοτομίας, ενώ η πολιτική επικοινωνίας διαχειρίζεται από τις υπηρεσίες επικοινωνίας.

Τέλος, πρέπει να γνωρίζουμε ότι το μείγμα μάρκετινγκ είναι απλώς ένα γενικό εργαλείο που βοηθά στη λήψη αποφάσεων. Εάν εξετάσουμε τις λεπτομέρειες κάθε πολιτικής, υπάρχουν άλλες, πιο συγκεκριμένες έννοιες που πρέπει να κατακτήσουμε. Για παράδειγμα, η τιμολογιακή πολιτική απαιτεί περισσότερη γνώση εννοιών όπως τα ποσοστά επιστροφής ή η αντιλαμβανόμενη αξία.

ΣΧΕΤΙΚΑ ΜΟΝΤΕΛΑ

Τα 7 Ps

Για να αντισταθμίσουν τις ελλείψεις του μοντέλου των 4 Ps, ορισμένοι συγγραφείς προτείνουν την προσθήκη νέων στοιχείων. Το πιο γνωστό από αυτά τα μοντέλα είναι το 7 Ps

(1981) των Bernard H. Booms και Mary Jo Bitner, το οποίο συμπληρώνει τα 4 Ps που όρισε ο McCarthy, προσθέτοντας ανθρώπους, διαδικασίες και φυσικά στοιχεία.

- Οι "άνθρωποι", όπως τους εννοούν τα 7 Ψ, δεν αντιπροσωπεύουν τους πελάτες της εταιρείας, αλλά το προσωπικό που εφαρμόζει τις στρατηγικές μάρκετινγκ. Η επιρροή τους είναι σημαντική, διότι έρχονται σε επαφή με τους υποψήφιους πελάτες. Η φήμη και η εικόνα της εταιρείας βρίσκονται στα χέρια τους και φαίνονται από τα μάτια τους. Οι "άνθρωποι" είναι ένα από τα λίγα στοιχεία του μείγματος μάρκετινγκ με τα οποία οι πελάτες μπορούν να αλληλεπιδράσουν.

- Η "διαδικασία" αναφέρεται στον τρόπο με τον οποίο ο έμπορος παρέχει αποτελεσματική και κατάλληλη εξυπηρέτηση πελατών. Αυτό μπορεί να περιλαμβάνει εξυπηρέτηση πελατών, συμβουλές, ώρες λειτουργίας ή ακόμη και παράδοση κατ' οίκον. Είναι ένας τρόπος για την οικοδόμηση της πιστότητας της μάρκας.

- Ως "φυσικά στοιχεία" νοούνται τα φυσικά στοιχεία του καταστήματος, όπως οι βιτρίνες ή η οργάνωση των ραφιών, για τα υλικά προϊόντα.

Μπορούμε να ασκήσουμε κριτική στην εννοιολογική συμβολή αυτών των τριών πρόσθετων Ps, δεδομένου ότι οι ιδέες που αντιπροσωπεύουν μπορούν να συμπεριληφθούν στα αρχικά 4 Ps του McCarthy. Οι "άνθρωποι" σχετίζονται ουσιαστικά με το προϊόν και την προώθηση. Η "φυσική απόδειξη" νοείται, τουλάχιστον εν μέρει, από την προώθηση.

To S

Προτείνονται επίσης άλλα Ps:

* Ο Philip Kotler, στο *Principles of Marketing* (1986), προτείνει να προστεθούν η "πολιτική δύναμη" και η "κοινή γνώμη",

* Claudio Vignali και B. J. Davies, στο "The Marketing Mix Redefined and Mapped: Introducing the MIXMAP Model" (1994), προτείνουν εν τω μεταξύ την προσθήκη ενός "S" για την "υπηρεσία".

Οι τομείς που προστίθενται στο βασικό μοντέλο συχνά επιτρέπουν επίσης τη βελτίωση του μείγματος μάρκετινγκ στον τομέα των υπηρεσιών. Σύμφωνα με τη διδασκαλία, αυτό ισχύει επίσης για την "τοποθέτηση", τη "συσκευασία", τη "συμμετοχή" ή την "εξατομίκευση", που εμφανίζονται κυρίως στις τεχνικές του web 2.0 και του marketing 2.0.

Τα 4 Cs

Ένα παράλληλο μοντέλο με τα 4 Ps, που ονομάζεται 4 Cs, εμφανίστηκε επίσης για να αντιμετωπίσει μία από τις κύριες επικρίσεις του μοντέλου του McCarthy, δηλαδή τη μεροληπτική οπτική προς τον έμπορο εις βάρος του αγοραστή. Ο Robert F. Lauterborn κατασκεύασε τα 4 Cs από τα 4 Ps και παρουσίασε την έννοια στο *New Marketing Litany: Four Ps Passé, C-Words Take Over* (1990): εστιάζουν περισσότερο στον πελάτη παρά στο προϊόν. Το μοντέλο αυτό έχει νόημα αν αναλογιστεί κανείς ότι ο στόχος του μάρκετινγκ είναι η ικανοποίηση των αναγκών των πελατών.

Τα 4 Κ είναι:

- Καταναλωτής: η πολιτική του προϊόντος γίνεται η λύση που προσφέρεται στον καταναλωτή. Πρέπει να προσφέρουμε στους πελάτες αυτό που πραγματικά αναζητούν και, για να το πετύχουμε αυτό, να μελετήσουμε την αγοραστική τους συμπεριφορά.

- Κόστος: η τιμολογιακή πολιτική είναι το κόστος για τον καταναλωτή. Στην πραγματικότητα, η τιμή είναι απλώς ένα μέρος του κόστους που είναι διατεθειμένος να πληρώσει ο πελάτης. Το κόστος περιλαμβάνει την τιμή αγοράς αλλά και το κόστος προμήθειας, χρήσης και εγκατάλειψης ενός προϊόντος και το κόστος των αξεσουάρ του προϊόντος.

- Επικοινωνία: αφορά τώρα την καθαρή επικοινωνία, η οποία είναι πιο συνεργατική και τείνει να δημιουργήσει διάλογο μεταξύ της εταιρείας και του δυνητικού πελάτη. Ο στόχος είναι η επικοινωνία να μην προέρχεται μόνο από την εταιρεία, αλλά και από την επαφή με τους πελάτες.

- Ευκολία: αντί να καθορίζει στρατηγικές διανομής, ο έμπορος τοποθετείται στη θέση του πελάτη για να κατανοήσει ποιες είναι οι διευκολύνσεις πρόσβασης που θα του επιτρέψουν να αποκτήσει το προϊόν. Με την άφιξη και την επιτυχία του διαδικτύου, η εξέταση αυτού του στοιχείου έχει γίνει όλο και πιο σημαντική.

ΠΡΑΚΤΙΚΗ ΕΦΑΡΜΟΓΗ

ΣΥΜΒΟΥΛΕΣ ΚΑΙ ΚΟΡΥΦΑΙΕΣ ΣΥΜΒΟΥΛΕΣ

Το μείγμα μάρκετινγκ μπορεί να βοηθήσει στη λήψη αποφάσεων στο πλαίσιο μιας νέας προσφοράς στην αγορά ή στη δοκιμή μιας υπάρχουσας προσφοράς. Είναι αυτονόητο ότι πρέπει πρώτα να προσδιορίσουμε το αντικείμενο που πρέπει να αναλυθεί, είτε πρόκειται για ένα προϊόν, μια υπηρεσία ή μια μάρκα, για παράδειγμα.

Πριν από την οικοδόμηση ή την ανάλυση της στρατηγικής μάρκετινγκ με βάση τα 4 Ps ή ένα σχετικό μοντέλο, η επιχείρηση πρέπει να καθορίσει την αγορά-στόχο της. Για να το κάνει αυτό, πρέπει να διεξάγει μια μελέτη αγοράς, η οποία θα της επιτρέψει να κατανοήσει καλύτερα τις προσδοκίες των καταναλωτών και να τοποθετηθεί ανάλογα.

Επιπλέον, είναι απαραίτητο να πραγματοποιηθεί εσωτερική και εξωτερική ανάλυση της επιχείρησης για τον προσδιορισμό της τμηματοποίησης της αγοράς (διαχωρισμός της αγοράς σε ομοιογενείς ομάδες καταναλωτών με βάση τις ανάγκες, τα χαρακτηριστικά ή τις συμπεριφορές τους).

Στη συνέχεια, η εταιρεία παρακολουθεί ένα ή περισσότερα τμήματα της αγοράς και επιλέγει έναν στόχο μάρκετινγκ (επιλεγμένα τμήματα ανάλογα με το στρατηγικό ενδιαφέρον που αντιπροσωπεύουν για την εταιρεία).

Μόλις καθοριστεί ο στόχος, μπορεί να καθοριστεί η τοποθέτησή του, δηλαδή να τοποθετηθεί το προϊόν του μεταξύ των ανταγωνιστών.

Σημειώστε εδώ ότι οι καταναλωτές είναι κεντρικοί στην προσέγγιση του μάρκετινγκ. Για το λόγο αυτό το μοντέλο των 4 Cs προτιμάται συχνά από τα 4 Ps, ακόμη και αν οι μεταβλητές εδώ απλώς συζητούνται από άλλη οπτική γωνία.

Για να καθορίσει τη στρατηγική του μείγματος μάρκετινγκ, η εταιρεία πρέπει στη συνέχεια να απαντήσει σε μια σειρά ερωτήσεων για κάθε στοιχείο του μοντέλου.

Καθορισμός των χαρακτηριστικών του προϊόντος/υπηρεσίας

Το πρώτο βήμα είναι ο προσδιορισμός των χαρακτηριστικών του προϊόντος ή της υπηρεσίας. Για να γίνει αυτό, πρέπει να θέσουμε τα ακόλουθα ερωτήματα:

- Τι περιμένει ο καταναλωτής από το προϊόν ή την υπηρεσία;

- Ποια είναι τα απαραίτητα χαρακτηριστικά του προϊόντος για να ανταποκριθεί στις προσδοκίες αυτές;

- Πώς και σε ποιο πλαίσιο θα χρησιμοποιήσει ο πελάτης το προϊόν;

- Πώς φαίνεται το προϊόν; Η ερώτηση αυτή περιλαμβάνει την εμφάνιση του ίδιου του προϊόντος, αλλά και τη συσκευασία του.

- Ποια είναι η ονομασία και η επωνυμία που πρέπει να δοθεί στο προϊόν;

- Πώς διαφέρει το προϊόν από αυτό των ανταγωνιστών του;

- Ποια είναι η μέγιστη τιμή κόστους για να παραμείνει κερδοφόρα η πώλησή του;

Κατά τη διάρκεια αυτού του πρώτου σταδίου, οι ερωτήσεις σχετικά με το προϊόν είναι παρόμοιες με εκείνες που πρέπει να τεθούν κατά την εξέταση της τιμολογιακής πολιτικής.

Καθορισμός της τιμολογιακής πολιτικής

Η τιμή μπορεί να καθορίζεται ανάλογα με το κόστος ή την αντιληπτή αξία του προϊόντος. Όποια προσέγγιση και αν επιλεγεί, πρέπει να είναι σε θέση να απαντήσει στα ακόλουθα ερωτήματα:

- Ποια είναι η αξία του προϊόντος για τον καταναλωτή;

- Έχει αυτό το προϊόν βασική τιμή; Πού τοποθετείται σε σχέση με τους ανταγωνιστές του;

- Έχει το προϊόν μεγάλη ελαστικότητα τιμής; Μπορούν να μειωθούν οι τιμές για να αυξηθεί το μερίδιο αγοράς; Από την άλλη πλευρά, η αύξηση της τιμής θα αποφέρει περισσότερα κέρδη;

Καθορισμός των μέσων επικοινωνίας

Όσον αφορά την επικοινωνία, δεν είναι μόνο θέμα επιλογής μιας προσέγγισης. Τα εργαλεία που έχουν στη διάθεσή τους οι έμποροι είναι τόσο πολυάριθμα που ένα ειδικό τμήμα επικοινωνίας είναι συχνά υπεύθυνο για την εξεύρεση του καλύτερου τρόπου προσέγγισης του κοινού-στόχου, αφού αυτό έχει εντοπιστεί. Είναι απαραίτητο να γνωρίζουμε τον στόχο και την επιθυμητή αντίδραση πριν από τη χάραξη μιας στρατηγικής, προκειμένου να επιλέξουμε τα κατάλληλα μέσα επικοινωνίας. Το μεγαλύτερο μέρος των δαπανών για την επικοινωνία αφιερώνεται στη διαφήμιση. Αυτό μπορεί να περιλαμβάνει εκστρατείες με τη χρήση:

- Τύπος (γενικός ή εξειδικευμένος)

- εμφανίζει το

- ΤΗΛΕΟΡΑΣΗ

- ραδιόφωνο

- κινηματογράφος

- επικοινωνία μέσω διαδικτύου.

Θυμηθείτε, ακόμη και αν η προώθηση πωλήσεων συνδέεται με την πολιτική τιμών (δείγματα, πριμοδοτήσεις, διαγωνισμοί, κουπόνια κ.λπ.), εξακολουθεί να αποτελεί ενέργεια πολιτικής επικοινωνίας.

Μπορούμε να προσθέσουμε στην προηγούμενη λίστα και άλλα εργαλεία, όπως:

- δημόσιες σχέσεις

- άμεσο και διαδραστικό μάρκετινγκ (με εξατομίκευση και διαδραστικότητα)

- ιογενές μάρκετινγκ (συχνά εφαρμόζεται στο διαδίκτυο)

- την πώληση (η οποία περιλαμβάνει μια διαπροσωπική ανταλλαγή μεταξύ της μάρκας και του πελάτη).

Είναι επίσης χρήσιμο να θέσετε τις ακόλουθες ερωτήσεις:

- Ποιοι είναι οι πιο αποτελεσματικοί τρόποι προσέγγισης του κοινού-στόχου;

- Πότε είναι η καλύτερη στιγμή για να ξεκινήσετε την προώθηση; Είναι εποχιακή η αγορά στην οποία δραστηριοποιούμαι;

- Ποιες δραστηριότητες επικοινωνίας χρησιμοποιούν οι ανταγωνιστές; Επηρεάζουν την επιλογή των δράσεων;

Καθορισμός των τόπων διανομής

Για τον "τόπο", η στρατηγική διανομής πρέπει να καθοριστεί σύμφωνα με τα άλλα στοιχεία του μείγματος μάρκετινγκ. Η τοποθέτηση του προϊόντος/υπηρεσίας που έχει επιλεγεί εκ των προτέρων επηρεάζει αναπόφευκτα την απόφαση για τον τρόπο διανομής.

Η "προώθηση" και ο "τόπος" αλληλεπιδρούν επίσης εάν η επιχείρηση επιλέξει να υιοθετήσει στρατηγική ώθησης (βασισμένη στο δυναμικό πωλήσεων και το δίκτυο διανομής) ή στρατηγική έλξης (βασισμένη στην επικοινωνία με τον καταναλωτή και, ιδίως, στη διαφήμιση) στην πολιτική διανομής της.

 **ΚΑΛΟ ΝΑ ΓΝΩΡΙΖΕΤΕ: ΣΤΡΑΤΗΓΙΚΕΣ ΩΘΗΣΗΣ ΚΑΙ ΕΛΞΗΣ**

Η στρατηγική διανομής push έχει σχεδιαστεί για να φέρει το προϊόν στον πελάτη. Η εταιρεία χρησιμοποιεί το δυναμικό πωλήσεων και την πολιτική διανομής της για να ενθαρρύνει τον πελάτη να επιλέξει το προϊόν της. Η παρορμητική αγορά είναι ένα καλό παράδειγμα αυτής της μεθόδου.

Το ίδιο το προϊόν θα επηρεάσει επίσης τις επιλογές: πρόκειται για μια αγορά ρουτίνας ή για μια ειδική αγορά; Πρόκειται για εμπόρευμα ή για είδος πολυτελείας; Όλες οι μεταβλητές που ορίστηκαν προηγουμένως λαμβάνονται υπόψη, καθώς επηρεάζονται και οι ίδιες από την πολιτική διανομής. Για παράδειγμα, η ανάπτυξη του δικού σας δικτύου διανομής θα επηρεάσει την τιμή και την επικοινωνία. Ο έμπορος πρέπει ακόμη να είναι σε θέση να απαντήσει σε ορισμένα ερωτήματα:

- Πού πηγαίνουν οι δυνητικοί πελάτες για να αγοράσουν το προϊόν;

- Οι πελάτες θα αγοράσουν αυτό το προϊόν πιο εύκολα σε ένα γενικό κατάστημα, σε ένα ειδικό κατάστημα, στο διαδίκτυο ή ακόμη και μέσω ταχυδρομείου;

- Είναι το επιλεγμένο σύστημα διανομής εύκολα προσβάσιμο από τους επισκέπτες;

- Είναι απαραίτητη η διαχείριση μιας δύναμης πωλήσεων;

- Τι κάνουν οι ανταγωνιστές; Πώς μπορεί να προσαρμοστεί ή να διαφοροποιηθεί το μοντέλο;

ΜΕΛΕΤΕΣ ΠΕΡΙΠΤΩΣΕΩΝ

Σε αυτή τη μελέτη περίπτωσης, παρουσιάζουμε δύο εταιρείες που βασίστηκαν στη στρατηγική του μείγματος μάρκετινγκ του McCarthy. Η πρώτη περίπτωση, αφιερωμένη στη γερμανική αλυσίδα καταστημάτων Aldi, προέρχεται από το *The Times 100, Business Case Studies* και δείχνει πώς, σε έναν πολύ ανταγωνιστικό κλάδο, ένα προϊόν που δεν είναι απαραίτητα καινοτόμο μπορεί να επικρατήσει και να δημιουργήσει αξία μέσω μιας αποτελεσματικής στρατηγικής των άλλων στοιχείων του μείγματος μάρκετινγκ.

Η δεύτερη περίπτωση προέρχεται από μια συζήτηση μεταξύ των Alain Afflelou, Stephen Gless και Dominique Lichel (*L'Entreprise,* Οκτώβριος 2006) και από ένα άρθρο του Baptise Diebold (2006). Η ανάλυση αυτή φέρνει στο φως την ισχυρή στρατηγική μάρκετινγκ που δημιούργησε ο Afflelou, η οποία καινοτομεί σε κάθε τομέα του μείγματος μάρκετινγκ.

Aldi – δημιουργία αξίας μέσω του μείγματος μάρκετινγκ

Από την ίδρυσή της το 1913, η Aldi έχει καταφέρει να καθιερωθεί ως μία από τις μεγαλύτερες αλυσίδες λιανικής πώλησης στην Ευρώπη. Ο αρχικός της σκοπός ήταν να παρέχει στους πελάτες της προϊόντα που αγοράζουν τακτικά, τα οποία πωλούνται με τη δική της μάρκα Aldi, σε ανταγωνιστικές τιμές. Στη στρατηγική μάρκετινγκ αυτής της εταιρείας, τα διάφορα στοιχεία του μείγματος μάρκετινγκ είναι όλα ευθυγραμμισμένα. Η καινοτομία δεν γίνεται μέσω του προϊόντος, αλλά μέσω του τρόπου με τον οποίο δομούνται τα 4 Ps για να δημιουργηθεί μια πραγματική στρατηγική μείγματος μάρκετινγκ.

Η Aldi προσπαθεί να παρέχει μια μεγάλη ποικιλία προϊόντων τυποποιημένης ποιότητας, τα οποία πωλούνται με τη δική της μάρκα. Το πρώτο "P" στο κέντρο της εταιρικής στρατηγικής τους είναι η "τιμή". Προκειμένου να προσφέρει φθηνότερα προϊόντα από τους ανταγωνιστές της, η εταιρεία βασίζει την πολιτική της στη βελτιστοποίηση του κόστους και προσαρμόζει τις άλλες πολιτικές "Π" για να ανταποκριθεί στον στόχο αυτό.

Τα προϊόντα αγοράζονται σε μεγάλες ποσότητες και ξοδεύονται ελάχιστα χρήματα για την αναβάθμισή τους (συσκευασία, μάρκα κ.λπ.).

Σε επίπεδο διανομής, η εταιρεία προσπαθεί και πάλι να μειώσει το κόστος περιορίζοντας τα ράφια και τις προθήκες στα σημεία πώλησης. Όσον αφορά τη χωροθέτηση των καταστημάτων της, λαμβάνονται υπόψη τέσσερα κριτήρια:

- τον αριθμό των ατόμων που επισκέπτονται ή ζουν στην περιοχή,

- χαμηλός ανταγωνισμός: Η Aldi βρίσκεται γενικά εκτός των κέντρων των πόλεων και σε μέρη με καλή ορατότητα από τον κεντρικό δρόμο, με ελάχιστο ανταγωνισμό γύρω από το κατάστημα,

- προσβασιμότητα του καταστήματος, μεταξύ άλλων μέσω των δημόσιων συγκοινωνιών,

- επαρκή αριθμό θέσεων στάθμευσης.

Η επικοινωνία της εταιρείας επικεντρώνεται στη διατήρηση των πελατών και ενισχύει το μήνυμα της πολιτικής τιμών και προϊόντων: Τα προϊόντα της Aldi είναι της ίδιας ποιότητας με εκείνα των μεγάλων εμπορικών σημάτων, αλλά φθηνότερα. Έτσι, διανέμονται διαφημιστικά φυλλάδια στα καταστήματα για να ενθαρρυνθούν οι πελάτες να επιστρέψουν. Εκτός από τα μέσα μαζικής ενημέρωσης, η εταιρεία εστιάζει επίσης στις δημόσιες σχέσεις, στις λίστες αλληλογραφίας, στη διαχείριση των κοινωνικών δικτύων και σε δράσεις που αναδεικνύουν τα προϊόντα της μέσω μιας εξωτερικής πηγής της επιχείρησης. Για το σκοπό αυτό, η Aldi συμμετέχει σε πολλούς ετήσιους διαγωνισμούς προϊόντων. Η νίκη σε αυτούς τους διαγωνισμούς της επιτρέπει να αυξήσει την προβολή της, αλλά και την αξιοπιστία της, καθώς ένα τρίτο, ουδέτερο μέρος έχει ανακηρύξει τα προϊόντα της ως τα καλύτερα.

Η Aldi έχει μια λεπτομερή προσέγγιση πωλήσεων που της δίνει πλεονέκτημα σε μια πολύ ανταγωνιστική αγορά. Η ισορροπία που επιτυγχάνεται μέσω του μείγματος μάρκετινγκ της επιτρέπει να προσφέρει προϊόντα καλής ποιότητας στις χαμηλότερες δυνατές τιμές. Η επικοινωνιακή της πολιτική της επιτρέπει να βελτιώνει την εικόνα των προϊόντων της, δίνοντας παράλληλα έμφαση στις τιμές τους. Τέλος, η πολιτική της τοποθέτησης σημαίνει ότι δεν χρειάζεται να αυξήσει το κόστος διανομής. Δεν φαίνεται να έχει γίνει καμία σημαντική καινοτομία στην τιμή, το προϊόν, τη θέση ή την προώθηση, αλλά η ισορροπία μεταξύ αυτών των τεσσάρων πολιτικών επέτρεψε στην Aldi να βρει τη θέση της στην αγορά.

Afflelou – μια επιτυχία που βασίζεται στην καινοτομία στα διάφορα στοιχεία του μείγματος

Ο Alain Afflelou άνοιξε το πρώτο του κατάστημα το 1970 στο Μπορντό. Μέχρι το 1984, η αλυσίδα είχε ήδη σχεδόν 100 καταστήματα franchise. Το 2012, η μάρκα διέθετε 722 καταστήματα σε όλη τη Γαλλία και περισσότερα από 1000 συνολικά. Αυτή η επιτυχία οφείλεται στο γεγονός ότι η μάρκα κατάφερε να καινοτομήσει σε κάθε έναν από τους τομείς του μείγματος μάρκετινγκ.

- Προϊόν: Afflelou προσέφερε πάντα καινοτομίες στα γυαλιά και τους φακούς επαφής, για παράδειγμα, με σχεδόν άφθαρτα γυαλιά. Για τους πελάτες άνω των σαράντα ετών, η μάρκα λάνσαρε το "Forty", ένα πακέτο τεσσάρων γυαλιών που τους επιτρέπει να βλέπουν από κοντά. Τα προϊόντα αυτά δεν φαίνονται επαναστατικά, ωστόσο η μάρκα ήταν η πρώτη που τα προσέφερε.

- Τιμή: Η Afflelou ήταν η πρώτη μάρκα που πρότεινε γυαλιά σε τιμή ευκαιρίας, συμπεριλαμβανομένης της προσφοράς "Chin-Chin", προσφέροντας ένα δεύτερο ζευγάρι με ένα επιπλέον ευρώ. Η σχέση τιμής-προϊόντος θα ήταν ήδη αρκετή, αλλά η πλήρης στρατηγική του μείγματος μάρκετινγκ εξασφάλισε στην εταιρεία μια πραγματικά κυρίαρχη θέση στην αγορά.

- Τόπος: η μάρκα έχει καινοτομήσει και στον τομέα της διανομής. Για την ακρίβεια, διαθέτει το δικό της δίκτυο διανομής, αλλά τα καταστήματά της ήταν επίσης τα πρώτα που διέθεταν οθόνες με πλαίσιο ανοιχτής πρόσβασης.

- Προώθηση (επικοινωνία): η μάρκα διαθέτει σημαντικό μέρος του προϋπολογισμού της στο τμήμα που είναι υπεύθυνο για την προώθηση – το οποίο είναι σίγουρα ένα από τα μεγαλύτερα στον τομέα – και χρησιμοποιεί χορηγίες (συνεργάτης του τουρνουά τένις French Open και της ποδοσφαιρικής ομάδας Paris Saint-Germain).

Η εταιρεία Afflelou έχει χαράξει μια καινοτόμο στρατηγική σε κάθε στοιχείο του μείγματος μάρκετινγκ, διασφαλίζοντας παράλληλα τη συνοχή μεταξύ τους.

Συμπέρασμα

Οι περιπτώσεις της Aldi και της Afflelou είναι πολύ διαφορετικές. Για την Aldi, η επιτυχία της στρατηγικής εξαρτάται από τη συνοχή μεταξύ των τεσσάρων πολιτικών. Στην περίπτωση της Afflelou, η επιτυχία προέρχεται από την καινοτομία σε κάθε τομέα του μείγματος μάρκετινγκ. Πέρα από το γεγονός ότι το μείγμα μάρκετινγκ παρέχει σε μια εταιρεία τα εργαλεία για την επίτευξη των στόχων της, το μοντέλο ωθεί επίσης τους εμπόρους να σκεφτούν τη στρατηγική μάρκετινγκ στο σύνολό της.

ΠΕΡΙΛΗΨΗ

- Το μείγμα μάρκετινγκ παρέχει στους υπεύθυνους μάρκετινγκ ένα σύνολο εργαλείων που θα τους επιτρέψει να λαμβάνουν αποφάσεις σε σχέση με την καθορισμένη αγορά.

- Στόχος: το μείγμα μάρκετινγκ χρησιμοποιείται για την εισαγωγή ενός νέου προϊόντος στην αγορά ή για τη δοκιμή μιας υφιστάμενης στρατηγικής μάρκετινγκ.

- Τα 4 Ps: το μοντέλο αυτό, που προτάθηκε από τον McCarthy το 1960, περιλαμβάνει τα εργαλεία του μείγματος μάρκετινγκ σε τέσσερις κατηγορίες: προϊόν, τιμή, τόπος (διανομή) και προώθηση (επικοινωνία).

- Θεωρητικοί: McCarthy ανέπτυξε την έννοια των 4 Ps (1960).

- Πλαίσιο: το μείγμα μάρκετινγκ προέκυψε στο πλαίσιο της αύξησης της μαζικής κατανάλωσης.

- Συνιστώσες: προϊόν, τιμή, τόπος, προώθηση.

- Πλεονεκτήματα: το μείγμα μάρκετινγκ συνοψίζει με σαφήνεια όλα τα εργαλεία που έχουν στη διάθεσή τους οι έμποροι για τη λήψη αποφάσεων.

- Περιορισμοί: το μείγμα μάρκετινγκ είναι μια ολοκληρωμένη προσέγγιση της στρατηγικής μάρκετινγκ, αλλά πρέπει να χρησιμοποιηθούν και άλλα εργαλεία όταν εργάζεστε σε βάθος πάνω σε μια στρατηγική. Οι αποφάσεις σχετικά με τις διάφορες πολιτικές είναι συχνά αποτέλεσμα πολλών ατόμων ή υπηρεσιών και αυτό καθιστά δύσκολη τη διατήρηση της συνοχής μεταξύ των 4 Ps.

- Επεκτάσεις: Συχνά προστίθενται τρία Ps (άνθρωποι, διαδικασία και φυσικά στοιχεία) για να συμπληρωθούν τα τέσσερα Ps του μοντέλου του McCarthy. Τα 4 Cs (καταναλωτής, κόστος, επικοινωνία, ευκολία) είναι μια άλλη παραλλαγή της έννοιας, που εστιάζει περισσότερο στον πελάτη.

- Συμβουλή: πριν από τη λήψη αποφάσεων σχετικά με τα 4 Ps, η επιχείρηση πρέπει να είναι σίγουρη ότι γνωρίζει την αγορά-στόχο στην οποία θέλει να τοποθετηθεί.

ΠΕΡΑΙΤΕΡΩ ΑΝΑΓΝΩΣΗ

ΒΙΒΛΙΟΓΡΑΦΙΑ

Ιστοσελίδα του Alain Afflelou: http://www.alainafflelou.fr/

Armstrong, G. and Kotler, P. (2007) *Principes de marketing.* [8η έκδοση]. Paris: Pearson Education.

Booms, B. H. and Bitner, M. J. (1981) Marketing Strategies and Organization Structure for Service Firms. Στο Donnelly, J. και George, W. R. Σικάγο: American Marketing Association. 47-51.

Borden, N. H. (1964) Η έννοια του μείγματος μάρκετινγκ. *Journal of Advertising Research.*

Μελέτες επιχειρηματικών περιπτώσεων. (Χωρίς ημερομηνία) Δημιουργία αξίας μέσω του μείγματος μάρκετινγκ, μια μελέτη περίπτωσης της Aldi. *The Times 100 Case Studies. [Online].* [*Πρόσβαση* 22 Μαΐου 2014]. Διαθέσιμο από: < http://businesscasestudies.co.uk/aldi/creating-value-through-the-marketing-mix/introduction.html#axzz4S2tz9DPH>

Byrne, K. (2004) Managing your marketing mix. *Chartered Accountants Journal.*

Chevalier, M. και Dubois, P. L. (2009) *Les 100 mots du marketing.* Paris: PUF.

Demos. (2012) *Le marketing mix ou mix marketing, de la stratégie à l'opérationnel.* Paris: Demos.

Diebold, B. (2006) Afflelou entrevoit la vie sans Alain. *Challenges.* Τόμος 29.

Faris, P. and Reibstein, D. (1979) Πώς συνδέονται οι τιμές, οι δαπάνες και τα κέρδη. *Harvard Business Review.* [τεύχος Νοεμβρίου/Δεκεμβρίου]. σ. 173-184.

Kotler, P. (1986) *Principles of Marketing.* [3η έκδοση]. Upper Saddle River (New Jersey): Prentice Hall.

Kotler, P., Keller, K., Manceau, D. and Dubois, B. (2009) *Marketing Management.* [13η έκδοση]. Παρίσι: Pearson Education.

Lauterborn, R. F. (1990) Νέα λιτανεία του μάρκετινγκ: C-Words Take Over: Four Ps Passé, C-Words Take Over. *Advertisng Age.* 61(41).

Magrath, A. J. (1986) Όταν μάρκετινγκ υπηρεσιών, τα 4Ps δεν αρκούν. *Business Horizons.* 29(3), σελ. 45-50.

Maillet, T. (2010) *Le Marketing et son histoire ou le Mythe de Sisyphe réinventé.* Paris: Pocket.

McCarthy, J. E. (1960) *Basic Marketing : A Managerial Approach.* Homewood (Illinois): Irwin.

Pariot, Y. (2011) *Les Outils du marketing stratégique et opérationnel.* [2η έκδοση]. Paris: Eyrolles.

Van den Bulte, C. και van Waterschoot, W. (1992) Η ταξινόμηση των 4 P του μείγματος μάρκετινγκ επανεξετάζεται. *Journal of Marketing.* σσ. 83-93.

Θέλουμε να σας ακούσουμε!
Αφήστε ένα σχόλιο για την ηλεκτρονική σας βιβλιοθήκη
και μοιραστείτε τα αγαπημένα σας βιβλία στα μέσα κοινωνικής δικτύωσης!

Ο εκδότης διασφαλίζει την αξιοπιστία των πληροφοριών που δημοσιεύονται, η οποία όμως δεν μπορεί να αποτελέσει ευθύνη του.

Κύριο ISBN: 9782808600316
ISBN: 9782808601764
Νόμιμη κατάθεση: D/2022/12603/177

Ψηφιακός σχεδιασμός: Primento,
ο ψηφιακός συνεργάτης των εκδοτών.

9 782808 601764